Impressum
Verlag: BABADADA GmbH, Nedderfeld 112 , 22529 Hamburg
Geschäftsführer / Verlagsleitung: Harald Hof
Druck: Books on Demand GmbH, In de Tarpen 42, 22848 Norderstedt

Imprint
Publisher: BABADADA GmbH, Nedderfeld 112 , 22529 Hamburg, Germany
Managing Director / Publishing direction: Harald Hof
Print: Books on Demand GmbH, In de Tarpen 42, 22848 Norderstedt, Germany

школа

المدرسة

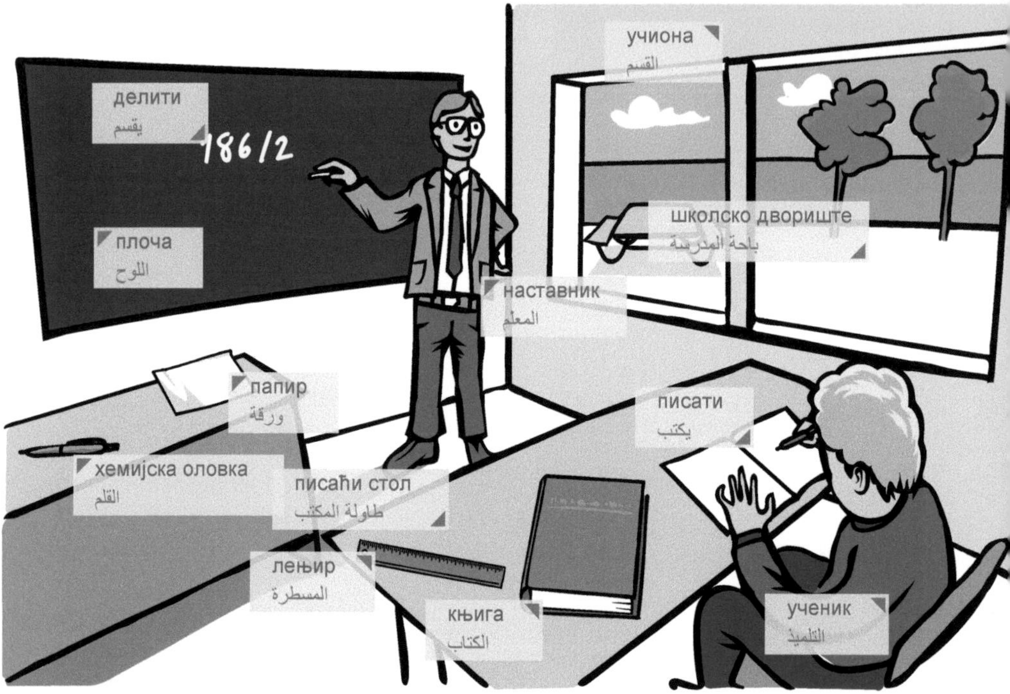
учиона
القسم
делити
يقسم
186/2
плоча
اللوح
школско двориште
باحة المدرسة
наставник
المعلم
папир
ورقة
писати
يكتب
хемијска оловка
القلم
писаћи стол
طاولة المكتب
лењир
المسطرة
књига
الكتاب
ученик
التلميذ

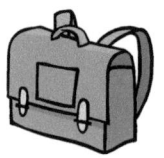

торба

الحقيبة المدرسية

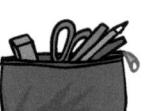

перница

المقلمة

графитна оловка

قلم الرصاص

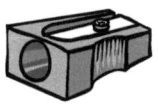

шиљило за оловке

البرّاية

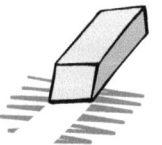

гумица за брисање

المِمحاة

блок за цртање

دفتر الرسم

цртеж

الرسمة

кист

الفرشاة

кутија са бојама

علبة التلوين

маказе

المقص

лепило

المادة اللاصقة

бележница

دفتر التمارين

домаћи задатак

الواجب المدرسي

број

الرقم

сабирати

يجمع

одузимати

يطرح

множити

يضرب

рачунати

يحسب

слово

الحرف

абецеда

الأبجدية

реч

كلمة

текст

النص

читати

يقرأ

креда

الطبشور

час

الحصة

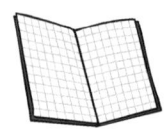

дневник

دفتر الدوام المدرسي

испит

الامتحان

сведочанство

شهادة

школска униформа

اللباس المدرسي

образовање

التعليم

лексикон

الموسوعة

универзитет

الجامعة

микроскоп

المجهر

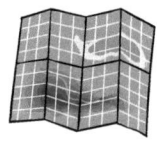

карта

الخريطة

кошара за папир

قماما

путовање

سفر

хотел
فندق
Grand
преноћиште
بيت الشباب
ROOMS
мењачница
مكتب صرافة
кофер
حقيبة
ауто
سيارة

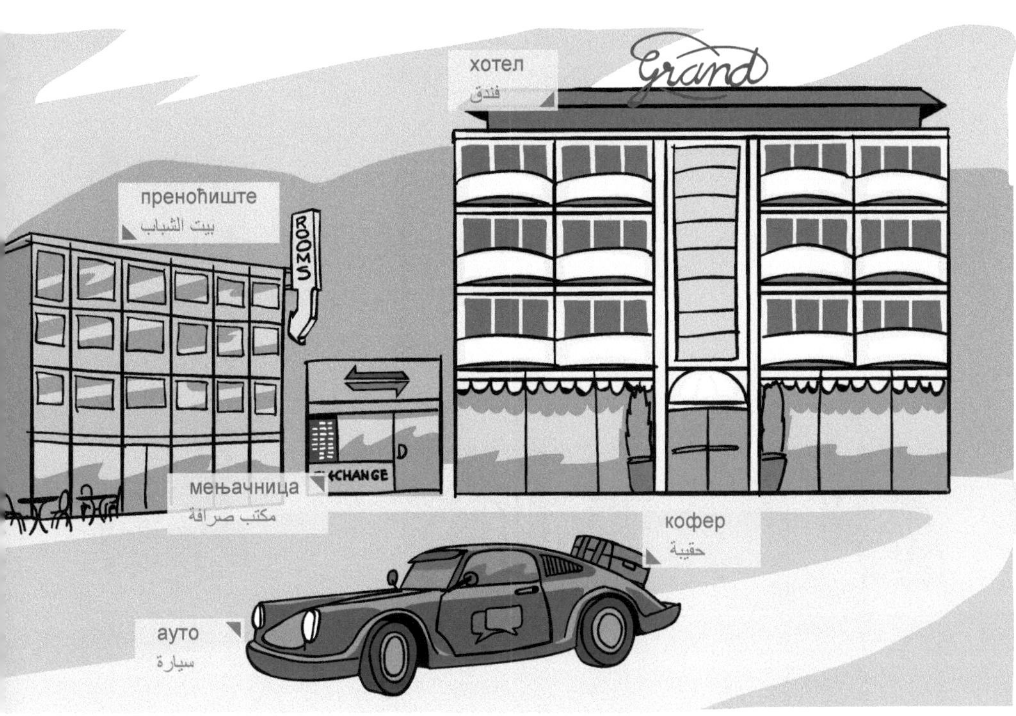

језик

اللغة

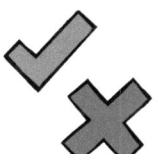

да / не

نعم / لا

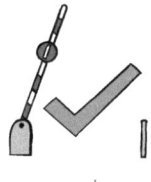

океј

حسناً

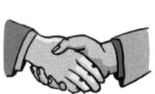

здраво

مرحباً

преводилац

مترجم

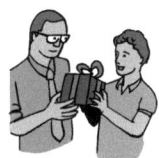

хвала

شكراً

Колико кошта...?

كم ثمن ... ؟

не разумем

لا أفهم

проблем

مشكلة

добро вече!

مساء الخير

Добро јутро!

صباح الخير!

Лаку ноћ!

ليلة سعيدة

довиђења

إلى اللقاء

смер

اتجاه

пртљага

أمتعة السفر

торба

حقيبة

руксак

حقيبة ظهر

гост

ضيف

соба

غرفة

врећа за спавање

كيس للنوم

шатор

خيمة

уристичке информације

استعلامات سياحية

плажа

شاطئ

кредитна картица

بطاقة ائتمان

доручак

إفطار

ручак

طعام الغداء

вечера

العشاء

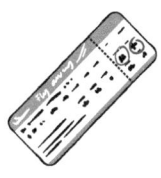

карта за вожњу

بطاقة سفر

лифт

مصعد

поштанска маркица

طابع بريدي

граница

حدود

царина

الجمارك

амбасада

سفارة

виза

تأشيرة

пасош

جواز سفر

транспорт
نقل

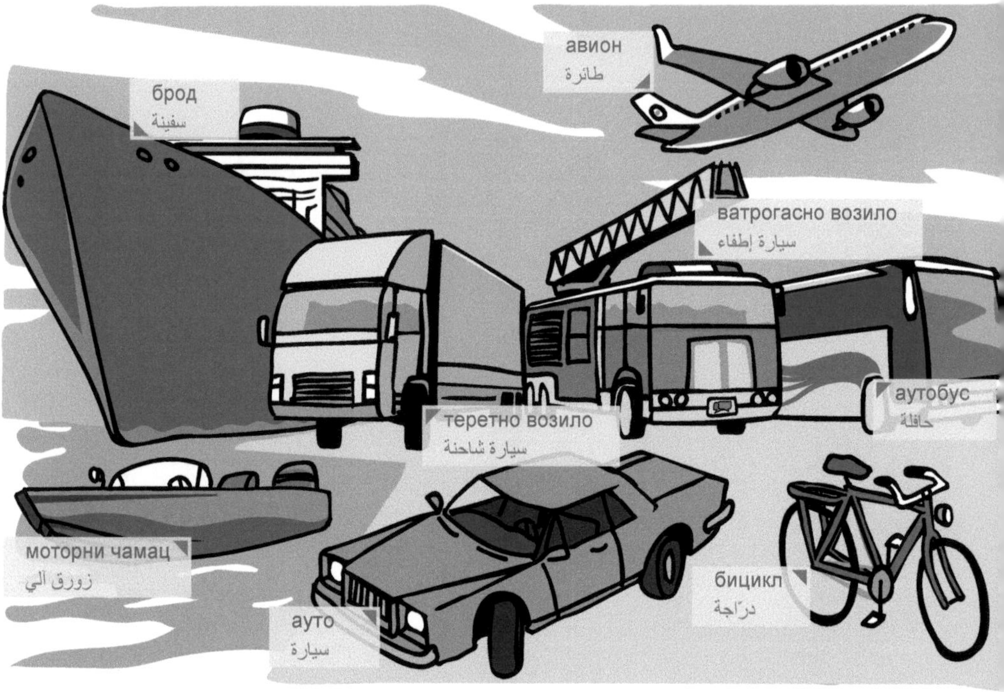
авион
طائرة
брод
سفينة
ватрогасно возило
سيارة إطفاء
аутобус
حافلة
теретно возило
سيارة شاحنة
моторни чамац
زورق الي
бицикл
درّاجة
ауто
سيارة

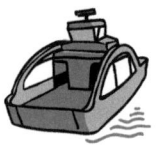

трајект
عبارة

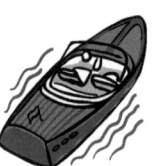

чамац
قارب

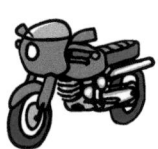

мотоцикл
دراجة نارية

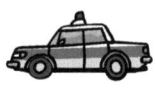

полицијски ауто
سيارة شرطة

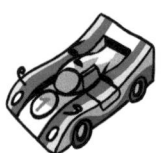

тркаћи ауто
سيارة سباق

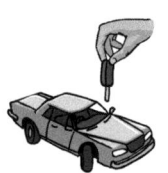

изнајмљено ауто
سيارة مستأجرة

дељење аутомобила

أسلوب تشاركي في استئجار السيارا

вучно возило

سيارة للجر

возило за одвоз смећа

سيارة نقل القمامة

мотор

محرك

бензин

وقود

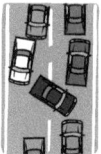

бензинска станица

محطة وقود

саобраћајни знак

إشارة مرور

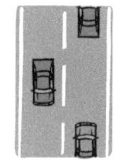

саобраћај

حركة السير

застој

ازدحام سير

паркиралиште

موقف سيارات

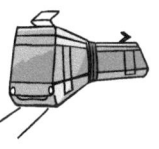

железничка станица

محطة قطار

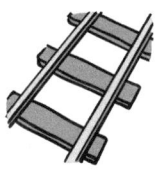

шине

سكك حديدية

воз

قطار

трамвај

ترام

вагон

عربة قطار

хеликоптер

طائرة مروحية

аеродром

مطار

кула

برج

путник

مسافر

контејнер

حاوية

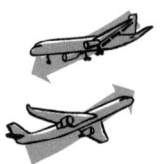

картон

علبة كرتون

колица

عربة يد

корпа

سلة

узлетети / слетети

يقلع / يهبط

град

مدينة

село

قرية

центар града

مركز المدينة

кућа

بيت

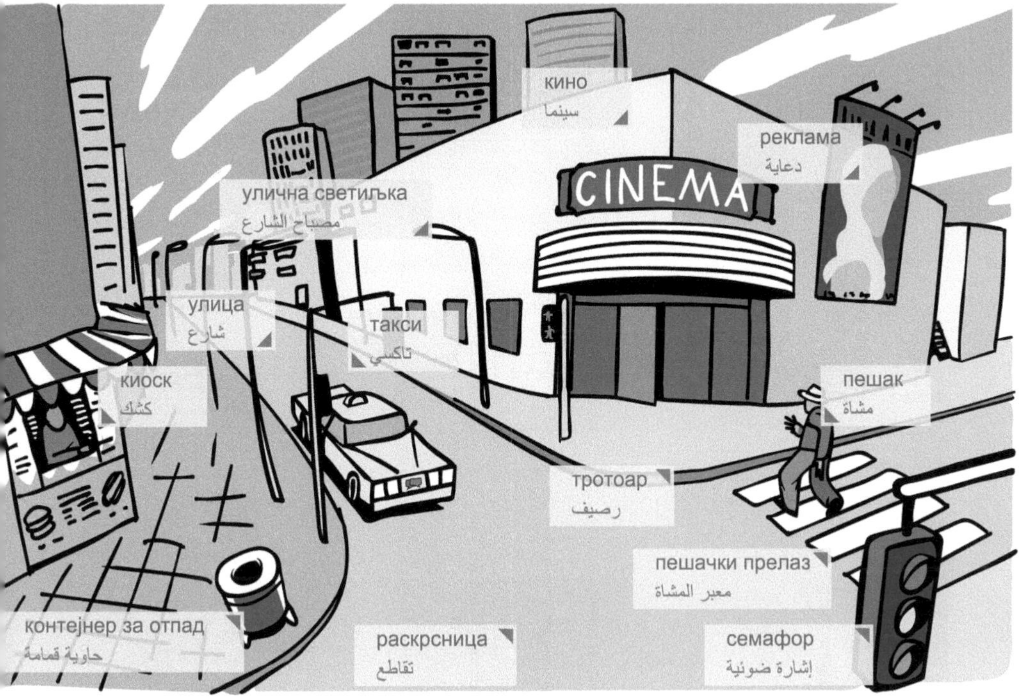

кино
سينما

реклама
دعاية

улична светиљка
مصباح الشارع

CINEMA

улица
شارع

такси
تاكسي

пешак
مشاة

киоск
كشك

тротоар
رصيف

пешачки прелаз
معبر المشاة

контејнер за отпад
حاوية قمامة

раскрсница
تقاطع

семафор
إشارة ضوئية

колиба

كوخ

стан

شقة

железничка станица

محطة قطار

већница

دار البلدية

музеј

متحف

школа

المدرسة

универзитет

الجامعة

банка

مصرف

болница

المستشفى

хотел

فندق

апотека

صيدلية

канцеларија

مكتب

књижара

مكتبة

продавница

متجر

цвећара

محل لبيع الزهور

супермаркет

سوبرماركت

трг

سوق

робна кућа

متجر كبير

рибарница

تاجر السمك

трговачки центар

مركز تسوّق

лука

ميناء

парк

حديقة عامة

клупа

مقعد

мост

جسر

степенице

درج، سلم

подземна железница

مترو

тунел

نفق

аутобуска станица

موقف حافلات

бар

بار

ресторан

مطعم

поштанско сандуче

صندوق البريد

улични знак

لافتة باسم الشارع

паркирни аутомат

مقياس زمن الوقوف

зоолошки врт

حديقة حيوانات

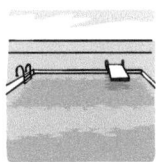

базен

مسبح

џамија

مسجد

сеоско газдинство

مزرعة

загађење околине

تلوث البيئة

гробље

مقبرة

црква

كنيسة

игралиште

ملعب الأطفال

храм

معبد

пејсаж

طبيعة ريفية

лист
ورقة

путоказ
علامة إرشاد

пут
طريق

ливада
مرج

камен
حجر

дрво
شجرة

шетач
رحالة

река
نهر

трава
عشب

цвет
زهرة

долина

وادٍ

планина

جبل

језеро

بحيرة

шума

غابة

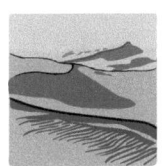

пустиња

صحراء

вулкан

بركان

дворац

قلعة

дуга

قوس قزح

гљива

فطر

палма

نخلة

москито

بعوض

мува

ذبابة

мрав

نملة

пчела

نحلة

паук

عنكبوت

буба

خنفساء

жаба

ضفدعة

веверица

سنجاب

јеж

قنفذ

зец

أرنب

сова

بومة

птица

عصفور

лабуд

بجعة

дивља свиња

خنزير برّي

јелен

غزال

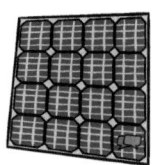

лос

إلكة

насип

سد

ветрењача

دولاب الطاحونة الهوائية

соларна плоча

خلية شمسية

клима

مناخ

ресторан

مطعم

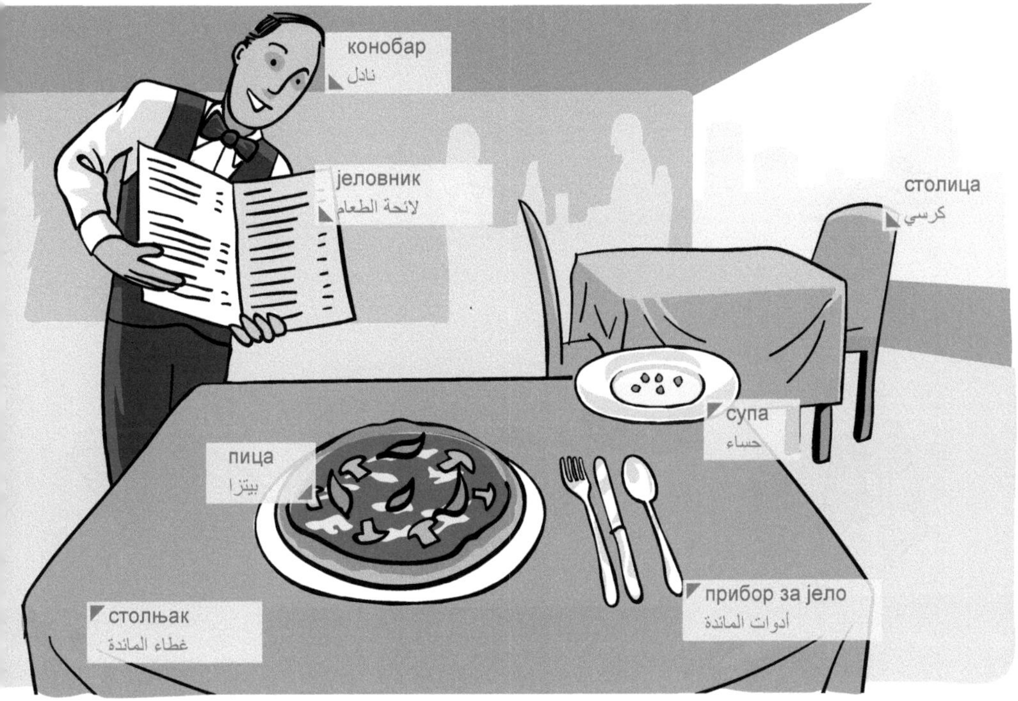

конобар
نادل
јеловник
لائحة الطعام
столица
كرسي
супа
حساء
пица
بيتزا
прибор за јело
أدوات المائدة
стољњак
غطاء المائدة

предјело

مقبلات

главно јело

الصحن الرئيسي

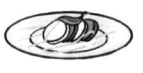

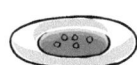

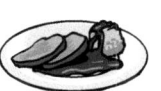

десерт

حلوى أو فاكهة بعد الطعام

напитци

مشروبات

јело

طعام

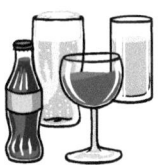

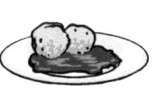

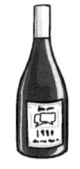

флаша

زجاجة

брза храна

وجبات سريعة

имбис храна

طعام الشارع

чајник

إبريق الشاي

доза за шећер

علبة السكر

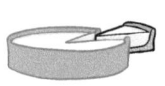

порција

حصّة

апарат за еспресо

آلة الإسبريسو

висока столица

كرسي عالٍ

рачун

فاتورة

послужавник

صينية

нож

سكين

виљушка

شوكة

кашика

ملعقة

чајна кашика

ملعقة الشاي

салвета

منديل المائدة

чаша

كأس

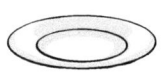

тањир

صحن

тањир за супу

صحن الحساء

тањирић

صحن الفنجان

сос

صلصة

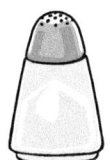

сољенка

مملحة

млин за бибер

مطحنة الفلفل

сирће

خلّ

уље

زيت الطعام

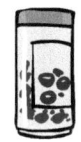

зачини

توابل

кечап

كتشاب

сенф

خردل

мајонеза

مايونيز

супермаркет

سوبرماركت

понуда
عرض خاص
FOR
купац
زبون
млечни производи
مشتقات الحليب
воћe
فواكه
колица за куповину
عربة تَسوّق

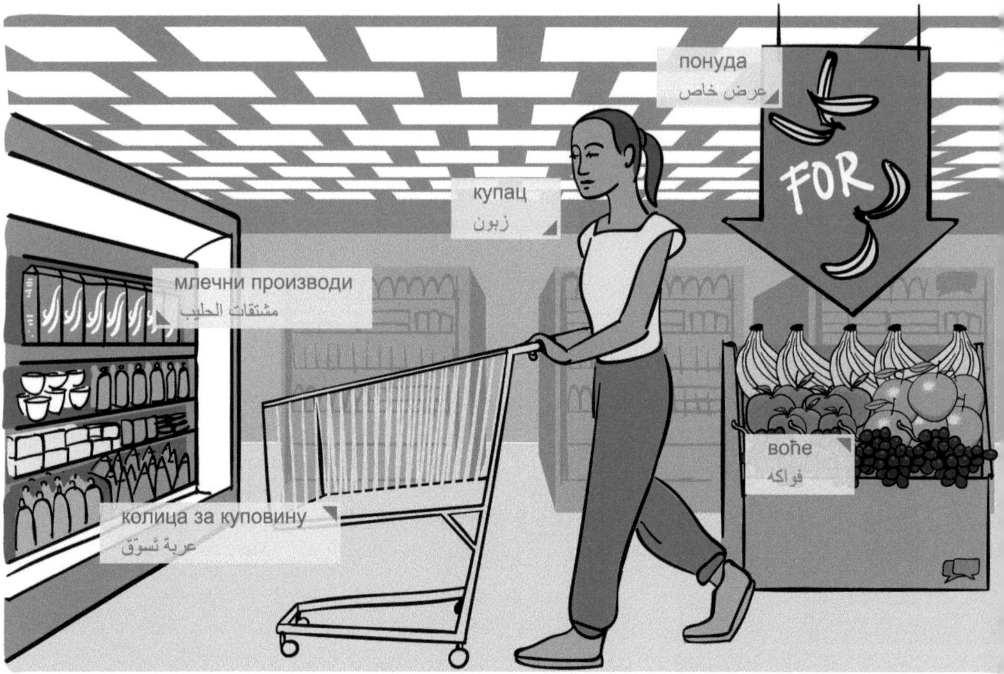

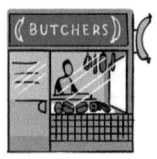

BUTCHERS

месница

جزّار

BAKERY

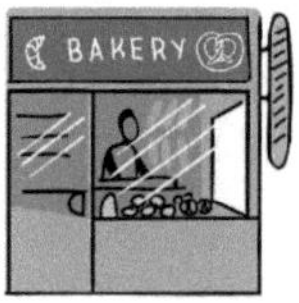

пекара

مخبز

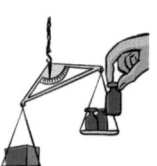

вагати

يزن

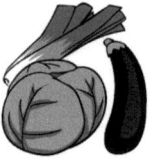

поврће

خضار

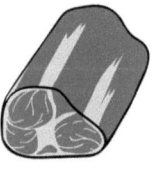

месо

لحم

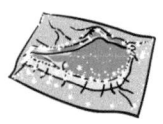

смрзнута храна

المأكولات المجمّدة

нарезак

مرتديلا أو جبن

конзерве

معلّبات

средство за прање

مسحوق الغسيل

слаткиши

حلويات

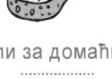

артикли за домаћинство

المواد المنزلية

средства за чишћење

منظفات

продавачица

بائعة

благајна

صندوق الحساب

благајник

أمين صندوق

листа за куповину

قائمة المشتريات

време рада

أوقات العمل

новчаник

محفظة النقود

кредитна картица

بطاقة ائتمان

торба

حقيبة

пластична кеса

كيس بلاستيكي

супермаркет - سوبرماركت 21

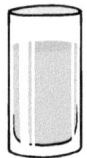

вода

ماء

сок

عصير

млеко

حليب

кола

كولا

вино

نبيذ

пиво

بيرة

алкохол

كحول

какао

كاكاو

чај

شاي

кава

قهوة

еспресо

قهوة إسبريسو

капучино

كابوتشينو

банана

موزة

jабука

تفاح

наранџа

برتقال

лубеница

بطيخ

лимун

ليمون

шаргарепа

جزرة

бели лук

ثوم

бамбус

خيزران

лук

بصل

гљива

فطر

орашасти плодови

لوزيات

резанци

شعيرية

шпагете

سباغيتي

рижа

أرز

салата

سلطة

помфрит

بطاطا مقلية

печени крумпир

بطاطا مقلية

пица

بيتزا

хамбургер

هامبورغر

сендвич

ساندويش

шницла

شريحة لحم مقلية

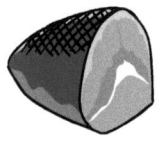

шунка

لحم خنزير

салама

سلامي

кобасица

سجق

кокош

دجاج

печење

لحم محمر

риба

سمك

зобене пахуљице

دقيق الشوفان

мусли

موسلي

кукурузне пахуљице

كورن فلكس

брашно

طحين

кроасан

كرواسان

пециво

خبز صغير

хлеб

خبز

тоаст

خبز محمص

кекси

بسكويت

маслац

زبدة

свежи сир

لبن زبادي

колач

كعكة

jaje

بيضة

jaje на око

بيض مقلي

сир

جبنة

сладолед

مثلجات

шећер

سكر

мед

عسل

мармелада

مربّى الفاكهة

нугат крема

كريم النوغا

кари

الكاري

сеоско газдинство
مزرعة

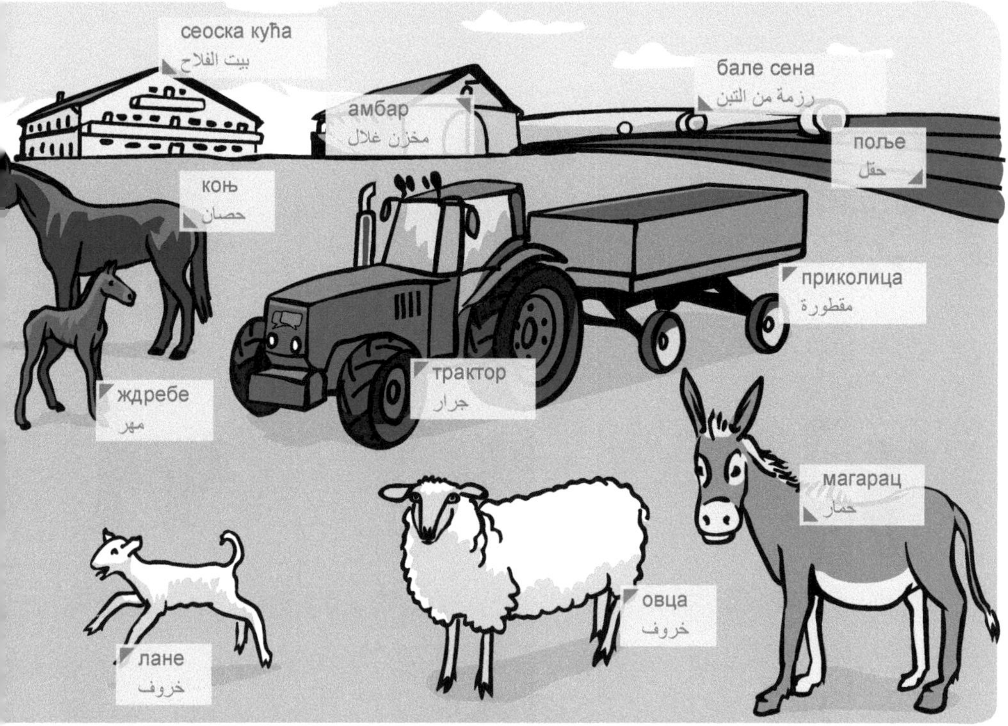

сеоска кућа
بيت الفلاح
амбар
مخزن غلال
бале сена
رزمة من التبن
поље
حقل
коњ
حصان
приколица
مقطورة
трактор
جرار
ждребе
مهر
магарац
حمار
овца
خروف
лане
خروف

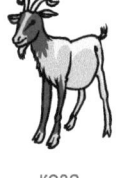

коза
ماعز

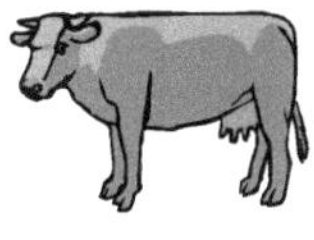
крава
بقرة

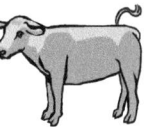

теле
عجل

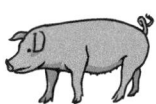

свиња
خنزير

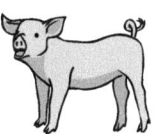

прасе
خنزير صغير

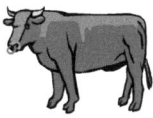

бик
ثور

гуска

إوَزَّة

патка

بَطّة

пилићи

صوص

кокош

دجاجة

петао

دِيك

пацов

جُرَذ

мачка

قِطّة

миш

فأر

во

ثور

пас

كلب

кућица за пса

كوخ الكلب

вртно црево

خرطوم الحديقة

канта за поливање

إبريق

коса

منجل

плуг

المحراث

срп

منجل

мотика

معزقة

виљушка за ђубриво

مذراة الزبل

секира

بلطة

тачке

عربة يد

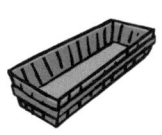

корито

معلف

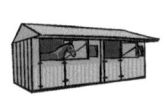

посуда за млеко

صفيحة الحليب

врећа

كيس

ограда

سياج

штала

اصطبل

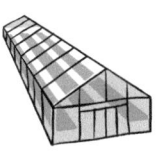

стакленик

دفيئة

земља

تربة

семе

بذور

ђубриво

سماد

комбајн

حصّادة دراسة

жети

يحصد

жетва

محصول

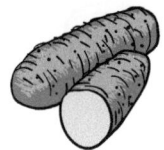

jaмс зачин

بطاطا يامس

пшеница

قمح

соja

صويا

крумпир

بطاطا

кукуруз

ذرة

уљана репица

سلجم

воћка

شجرة فاكهة

гомољ маниоке

نبات منيهوت

житарице

الحبوب

кућа
بيت

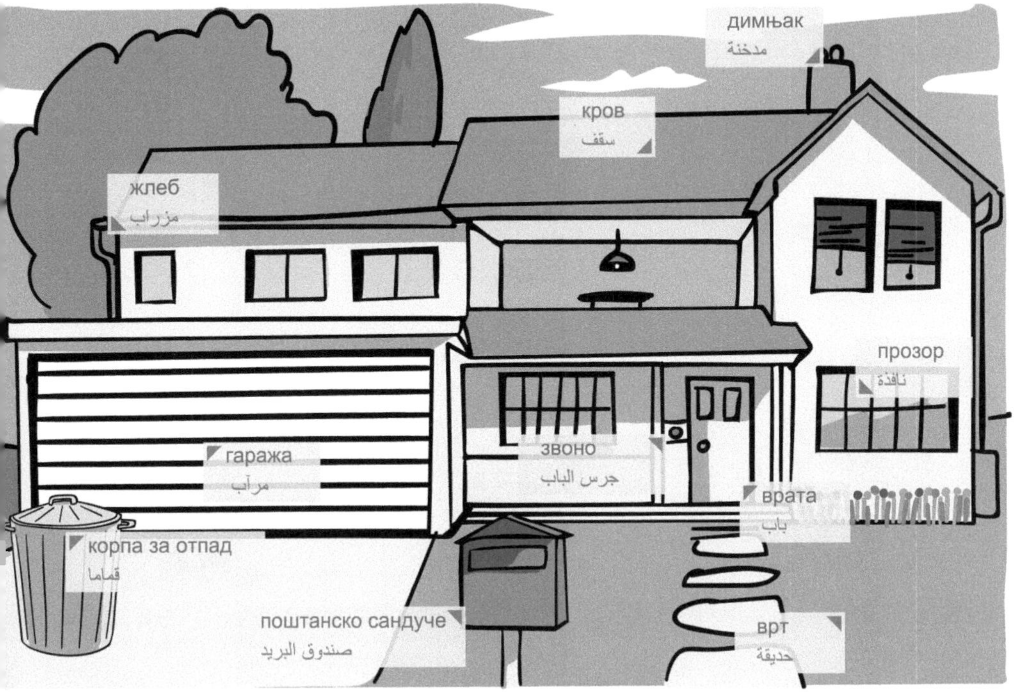

димњак
مدخنة
кров
سقف
жлеб
مزراب
прозор
نافذة
гаража
مرآب
звоно
جرس الباب
врата
باب
корпа за отпад
قمامة
поштанско сандуче
صندوق البريد
врт
حديقة

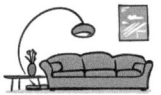

дневна соба

غرفة جلوس

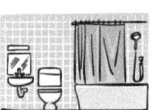

купаоница

الحمّام

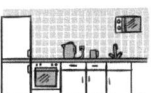

кухиња

مطبخ

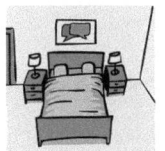

спаваћа соба

غرفة النوم

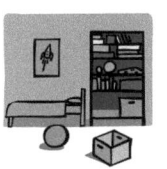

дечија соба

غرفة الأطفال

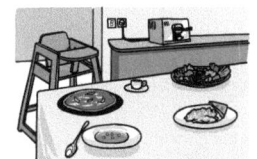

трпезарија

غرفة الطعام

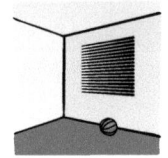

под

أرضية

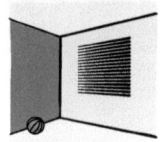

зид

حائط

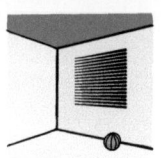

строп

سقف

подрум

قبو

сауна

ساونا

балкон

بلكون

тераса

شرفة

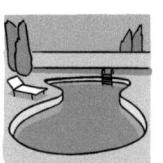

базен

مسبح

косилица за траву

جزّازة العشب

постељина за кревет

بياضات السرير

дека за кревет

بطانية

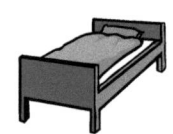

кревет

سرير

метла

مكنسة

канта

سطل

прекидач

مفتاح كهربائي

дневна соба
غرفة جلوس

тапета
ورق جدران
слика
صورة
светиљка
مصباح كهربائي
регал
رف
ормар
خزانة
телевизија
تلفزيون
камин
موقد مفتوح
цвет
زهرة
јастук
وسادة
кауч
كنبة
ваза
مزهرية
даљински управљач
تحكم عن بعد

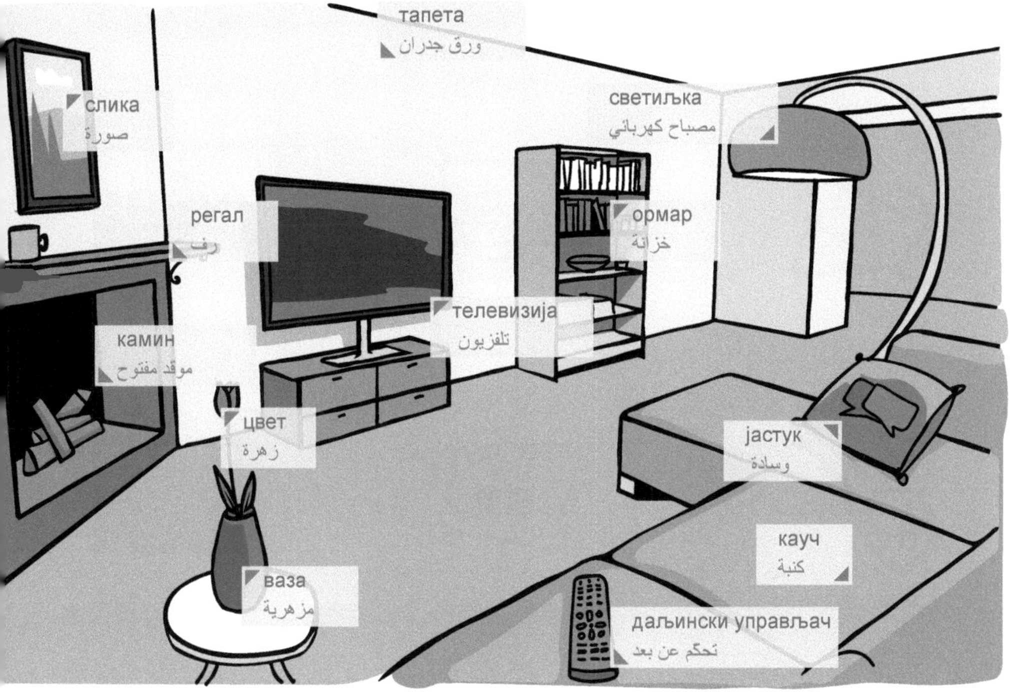

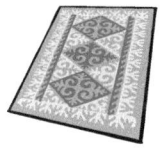

тепих
بساط

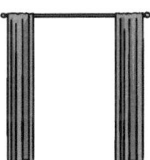

завеса
ستارة

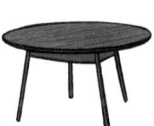

сто
طاولة

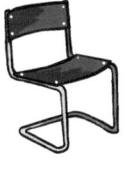

столица
كرسي

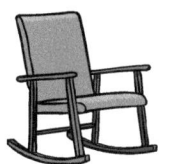

столица за њихање
كرسي هزّاز

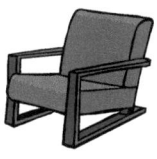

фотеља
كرسي ذو ذراعين

књига

الكتاب

дека

بطانية

декорација

زخرفة

дрво за огрев

الحطب

филм

فيلم

хи-фи уређај

تجهيزات ستيريو

кључ

مفتاح

новине

جريدة

слика на платну

لوحة مرسومة

постер

مُلصق

радио

راديو

блок за писање

دفتر ملاحظات

усисивач

المكنسة الكهربائية

кактус

صبّار

свећа

شمعة

кухиња
مطبخ

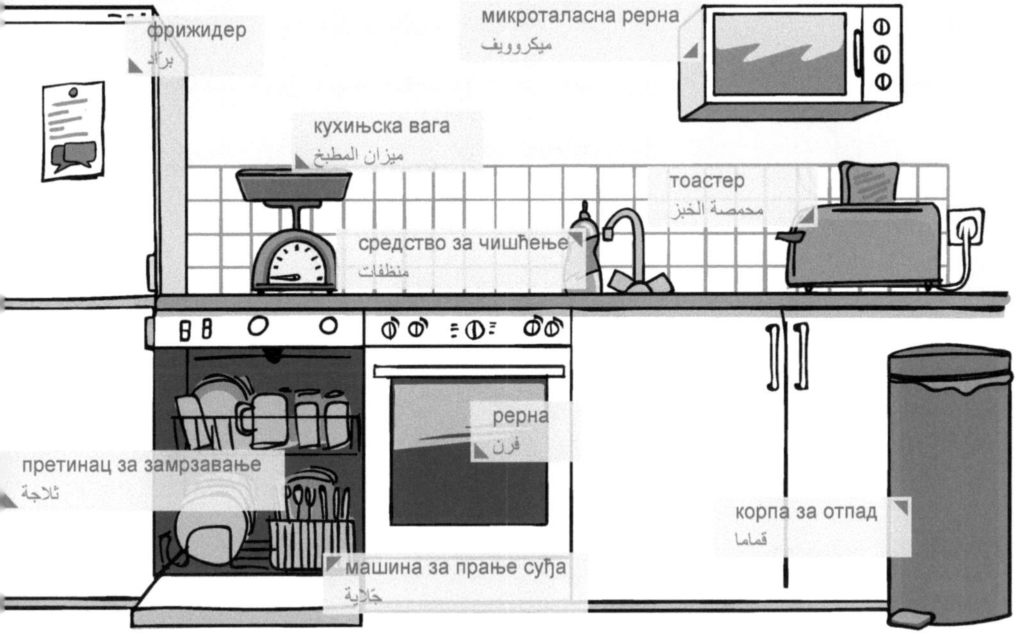
фрижидер
برّاد
микроталасна рерна
ميكروويف
кухињска вага
ميزان المطبخ
тоастер
محمصة الخبز
средство за чишћење
منظفات
рерна
فرن
претинац за замрзавање
ثلاجة
корпа за отпад
قماما
машина за прање суђа
جلاية

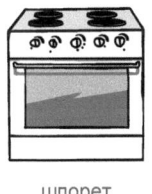

шпорет
موقد

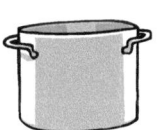

лонац
قِدر

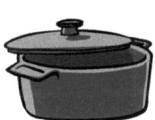

гвоздени лонац
وعاء من الحديد

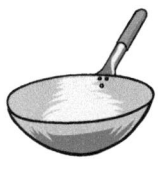

вок / кадаи
قدر صيني

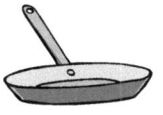

тава
مقلاة

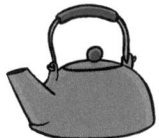

кувало за воду
غلاية

кувало на пару

قدر البخار

лим за печење

صينية

посуђе

أواني

чаша

فنجان

посуда

صحن

штапићи за јело

عيدان الأكل

кутлача

مغرفة

лопатица

ملعقة منبسطة

пењача

خفاقة

сито за кување

مصفاة

сито

مصفاة

рибеж

مبشرة

мужар

هاون

роштиљ

شواء

огњиште

موقد

даска

لوح التقطيع

оклагија

نشّابة

вадичеп

مفتاح الزجاجات

конзерва

علبة

отварач конзерви

مفتاح العلب المعدنية

крпа за лонац

قماش الفرن

судопер

مجلى

четка

فرشاة

сунђер

إسفنج

миксер

خلاط

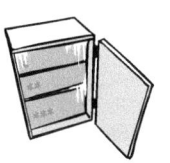

замрзивач

مجمّدة

флашица за бебе

زجاجة الطفل

славина за воду

صنبور الماء

купаоница

الحمّام

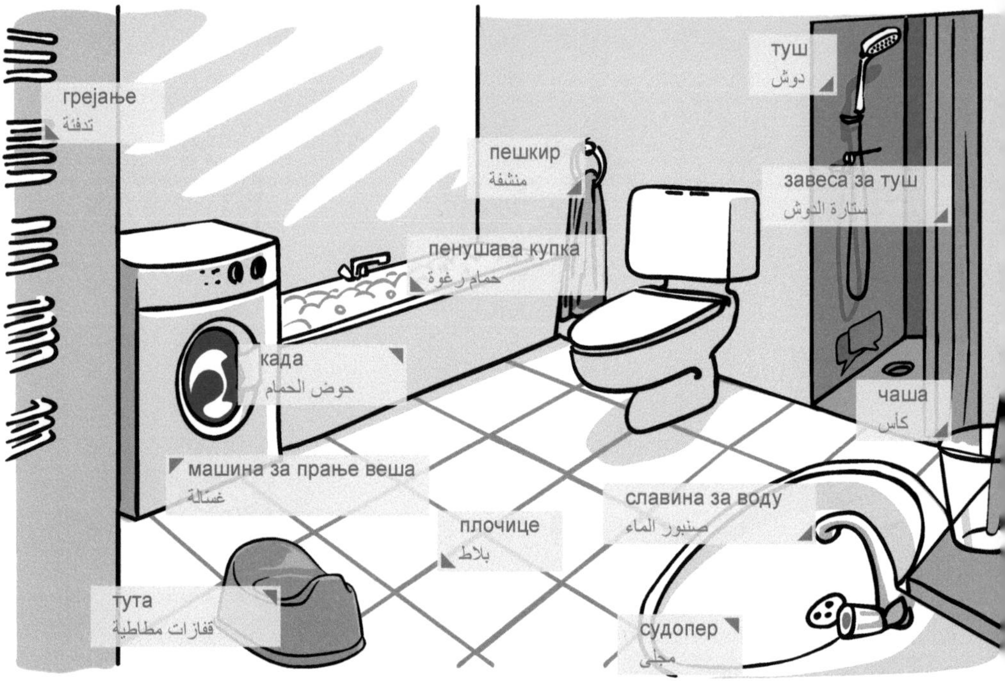

туш
دوش
грејање
تدفئة
пешкир
منشفة
завеса за туш
ستارة الدوش
пенушава купка
حمام رغوة
када
حوض الحمام
чаша
كأس
машина за прање веша
غسالة
славина за воду
صنبور الماء
плочице
بلاط
тута
قفازات مطاطية
судопер
مجلى

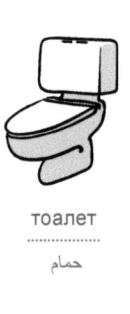

тоалет

حمام

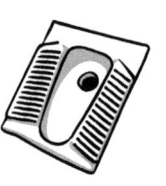

чучавац

مرحاض القرفصاء

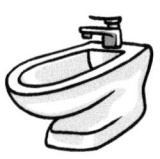

бидет

حوض التشطيف

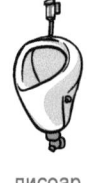

писоар

مبولة

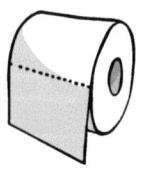

тоалетни папир

ورق المرحاض

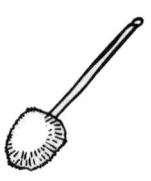

четка за тоалет

فرشاة الحمام

четкица за зубе

فرشاة الأسنان

паста за зубе

معجون الأسنان

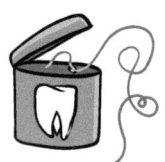

конац за зубе

خيط حرير لتنظيف الأسنان

прати

يغسل

туш ручица

رشاش ماء يدوي

туш за прање интимних делова

شطاف

лавор

حوض الغسيل

четка за прање леђа

فرشاة الظهر

сапун

صابون

гел за тушрање

جيل الدوش

шампон

شامبو

крпа за прање

ممسحة

одвод

مصرف للماء

крема

مرهم

дезодоранс

مزيل الروائح

огледало

مرآة

козметичко огледало

مرآة يد

бријач

موس حلاقة

пена за бријање

رغوة الحلاقة

лосион за после бријања

كولونيا

чешаљ

مشط

четка

فرشاة

фен за косу

سشوار

спреј за косу

مثبت للشعر

шминка

ماكياج

руж за усне

روج

лак за нокте

طلاء أظافر

вата

قطن

маказе за нокте

مقص أظافر

парфем

عطر

козметичка торбица

سلة الغسيل

столица

مقعد صغير

вага

ميزان

огртач

معطف الحمام

рукавице за чишћење

قفازات مطاطية

тампон

سدادة قطنية

уложак

منشفة صحية

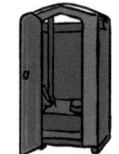

хемијски тоалет

تواليت كيميائية

дечија соба

غرفة الأطفال

будилник
منبه
плишана играчка
الحيوانات المحنطة
ауто играчка
سيارة لعبة
звечка
خشخشة
кућица за лутке
بيت الدمى
поклон
هدية

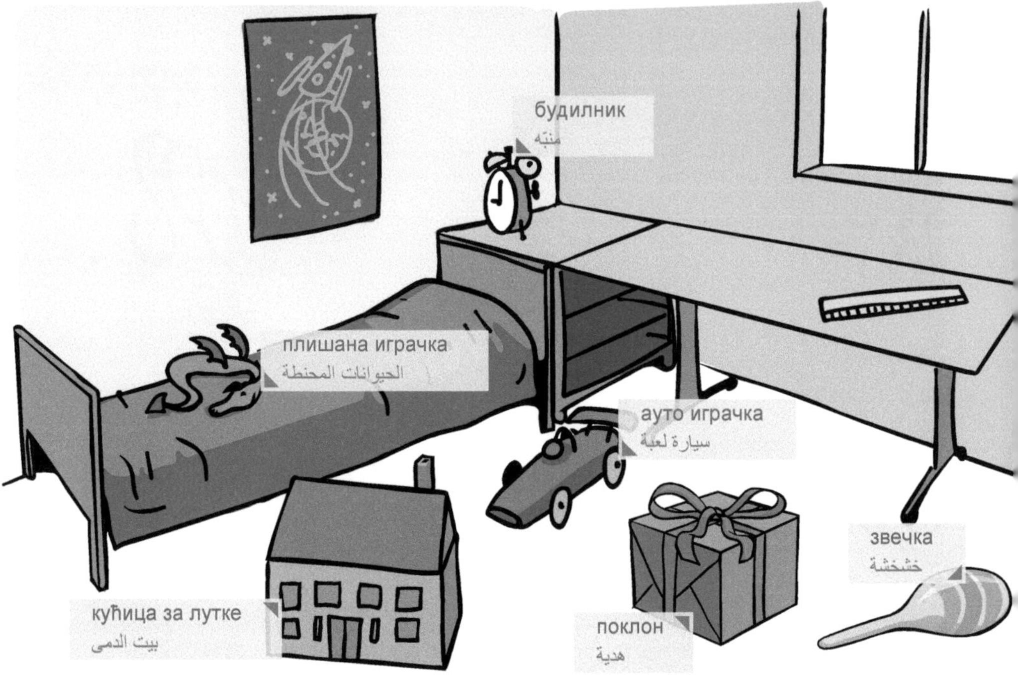

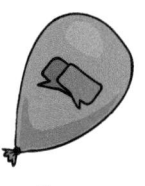

балон

بالون

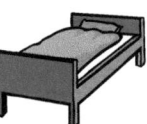

кревет

سرير

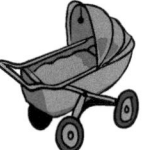

дјечија колица

عربة الأطفال

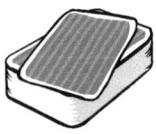

игра са картама

لعبة الورق

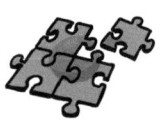

слагалица

أحجية

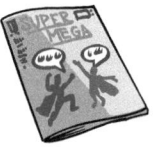

стрип

رسوم هزلية

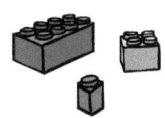

лего коцкице

أحجار الليغو

коцкице за слагање

حجارة تركيب

акциони јунак

دمية بطل

бенкица за бебе

لباس الطفل

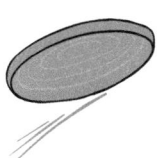

фризби

فريسبي

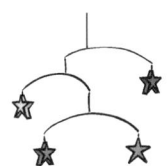

висеће играчке

دمية معلّقة

друштвене игре

لعبة الطاولة

коцка

لعبة النرد

минијатурна жељезница

لعبة قطار

дуда

مصّاصة

забава

حفلة

сликовница

كتاب مصوّر

лопта

كرة

лутка

دمية

играти

يلعب

пешчаник

ملعب رملي للأطفال

љуљачка

أرجوحة

играчка

لعبة

конзола за игре

ألعاب فيديو

трицикл

دراجة ثلاثية

теди

دمية على شكل الدب

ормар

خزانة الثياب

одећа

ثياب

кратке чарапе

جوارب قصيرة

чарапе

جوارب طويلة

хулахопке

جورب بنطلون

шал
شال

кишобран
شمسية

мајица
تي شيرت

каиш
حزام

чизме
حذاء شتوي

папуче
شبشب

патике
أحذية رياضية

сандале

صندل

ципеле

حذاء

гумене чизме

جزمة كاوتشوك

гаћице

سروال داخلي

грудњак

صدارة

поткошуља

قميص داخلي

боди

لباس ملاصق للجسم

панталоне

بنطلون

фармерке

جينز

сукња

تنورة

блуза

بلوزة

кошуља

قميص

џемпер

سترة قطنية

џемпер с капуљачом

كنزة كم طويل

сако

سترة فضفاضة

јакна

سترة

мантил

معطف

кабаница

معطف مطري

костим

زي - طقم نسائي

хаљина

ثوب

венчаница

ثوب الزفاف

одело

طقم

спаваћица

قميص نوم

пиџама

بيجاما

сари

ساري

марама за главу

حجاب

турбан

عمامة

бурка

برقع

кафтан

قفطان

абаја

عباءة

купаћи костим

مايوه

купаће гаћице

سروال سباحة

кратке панталоне

شرت

одећа за тренинг

بدلة رياضية

кецеља

مئزر

рукавице

قفازات

дугме

زر

наочаре

نظارة

наруквица

إسوارة

огрлица

عقد

прстен

خاتم

наушница

قرط

капа

طاقية

вешалица

علاقة ثياب

шешир

قبعة

кравата

ربطة العنق

патент затварач

سحّاب

кацига

خوذة

нараменице

حمّالة البنطلون

школска униформа

اللباس المدرسي

униформа

زي موحّد

подбрадак

مريلة الأطفال

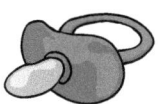

дуда

مصاصة

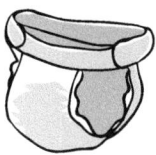

пелена

لفافة

канцеларија

مكتب

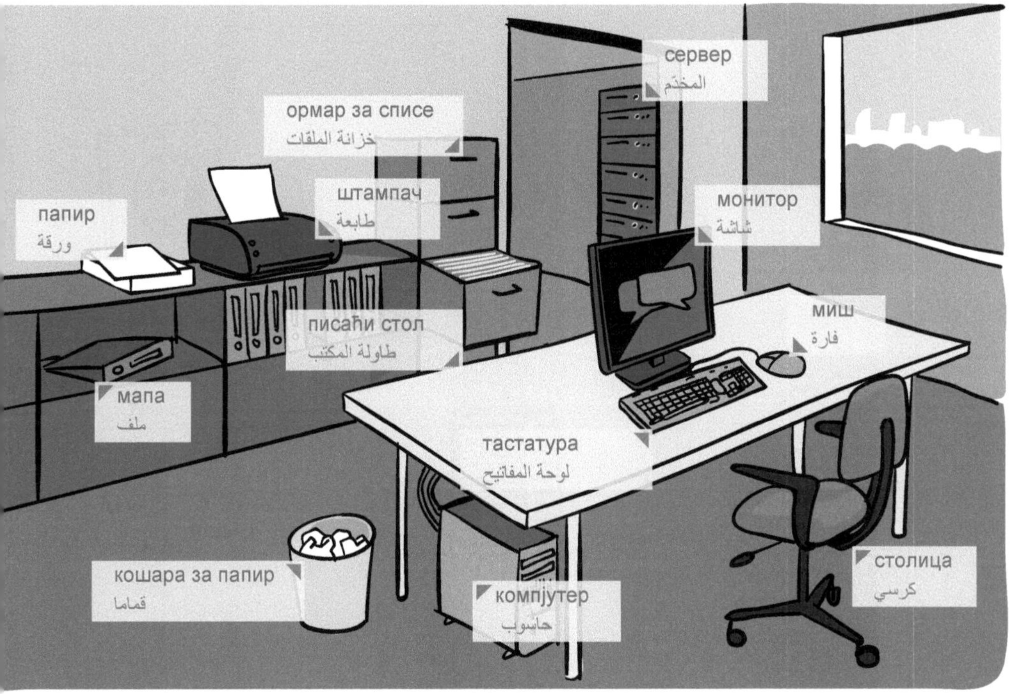

сервер

المخدّم

ормар за списе

خزانة الملفات

штампач

طابعة

монитор

شاشة

папир

ورقة

миш

فارة

писаћи стол

طاولة المكتب

мапа

ملف

тастатура

لوحة المفاتيح

столица

كرسي

кошара за папир

قماما

компјутер

حاسوب

шалица за каву

كأس من القهوة

калкулатор

الالة الحاسبة

интернет

الإنترنت

лаптоп

الحاسوب المحمول

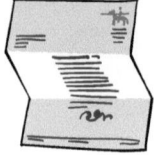

писмо

رسالة

порука

خبر

мобилни телефон

الهاتف المحمول

мрежа

شبكة

уређај за копирање

جهاز تصوير

софтвер

البرمجيات

телефон

هاتف

утичница

مقبس كهربائي

факс

فاكس

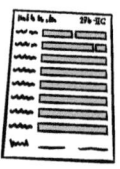

формулар

استمارة

документ

وثيقة

канцеларија - مكتب

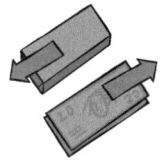

куп(овати

يشتري

платити

يدفع

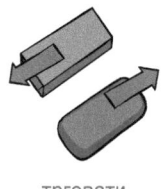

трговати

يتاجر

новац

مال

долар

دولار

евро

يورو

јен

ين

рубља

روبل

швајцарски франак

فرنك سويسري

ренминдби јуан

يوان

рупија

روبية

аутомат за новац

صرّاف آلي

мењачница

مكتب صرافة

злато

ذهب

сребро

فضة

нафта

نفط

енергија

طاقة

цена

سعر

уговор

عقد

порез

ضريبة

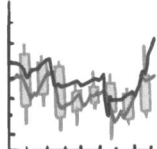

деонице

سهم

радити

يعمل

службеник

موظف

послодавац

رب العمل

фабрика

مصنع

продавница

مَتجر

занимања

المِهَن

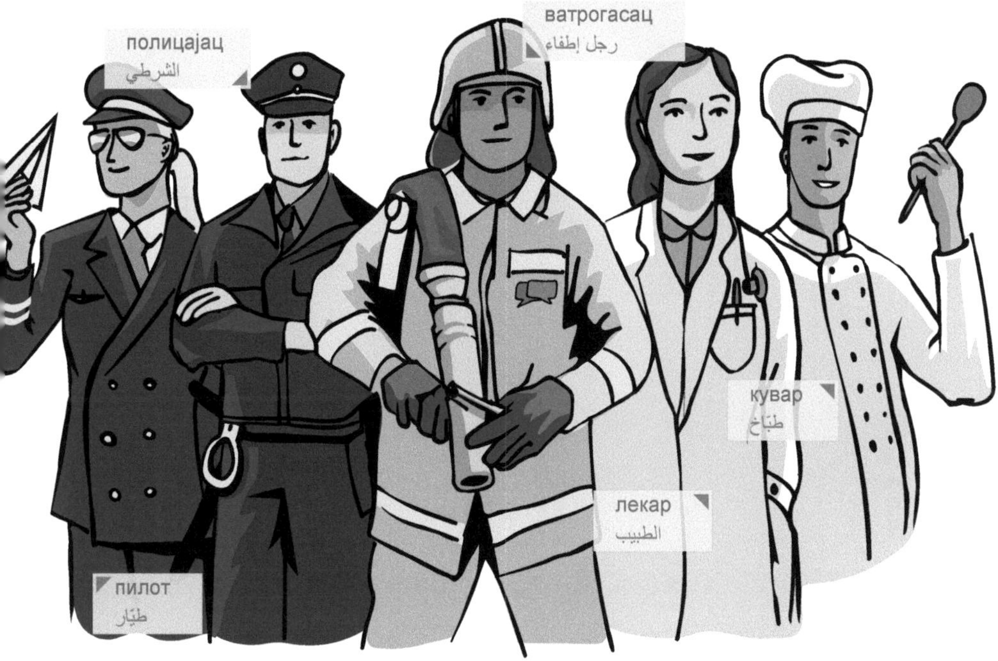

полицајац
الشرطي
ватрогасац
رجل إطفاء
кувар
طبّاخ
лекар
الطبيب
пилот
طيّار

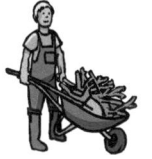

вртлар

بستاني

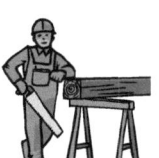

столар

نجّار

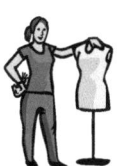

кројачица

خيّاطة

судија

قاض

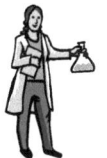

хемичар

كيميائي

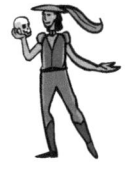

глумац

ممثل

возач аутобуса

سائق حافلة

возач таксија

سائق تاكسي

рибар

صياد سمك

чистачица

أجيرة للتنظيف

кровопокривач

بنّاء سقف

конобар

نادل

ловац

صيّاد

сликар

رسّام

пекар

خبّاز

електричар

كهربائي

грађевински радник

عامل بناء

инжењер

مهندس

месар

لحّام

лимар

سمكري

поштар

ساعي البريد

војник

جندي

архитекта

مهندس معماري

благајник

أمين صندوق

цвећар

بائع الزهور

фризер

حلاق

кондуктер

مراقب القطار

механичар

ميكانيكي

капетан

قبطان

зубар

طبيب أسنان

научник

رجل العلم

раби

حاخام

имам

إمام

монах

راهب

свећеник

كاهن

алати

عدة عمل

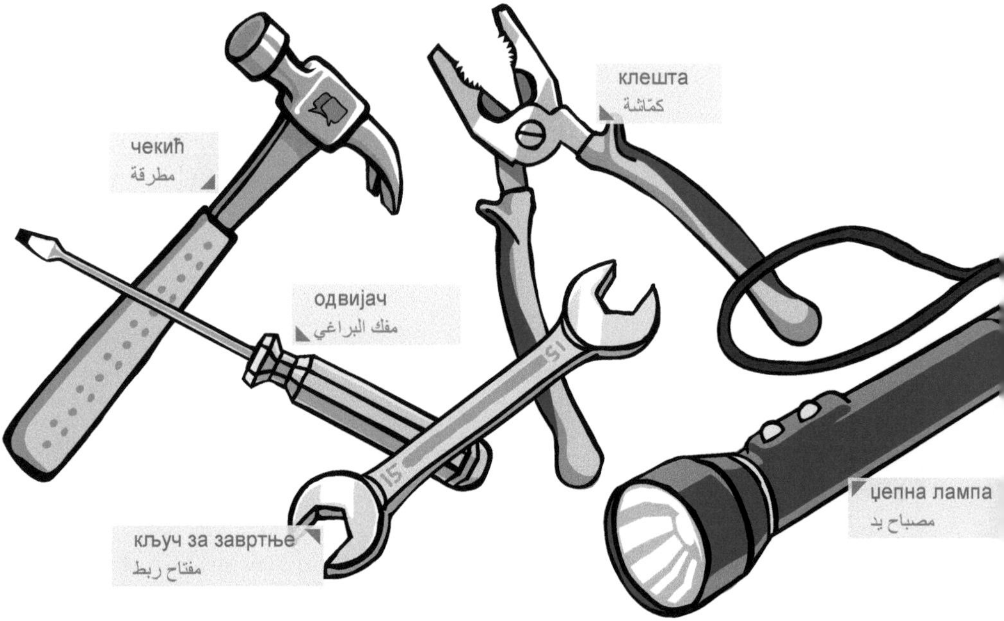

клешта
كمّاشة
чекић
مطرقة
одвијач
مفك البراغي
кључ за завртње
مفتاح ربط
џепна лампа
مصباح يد

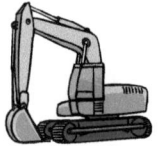

багер

جرافة

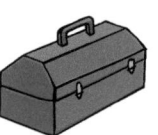

кутија за алат

صندوق العدة

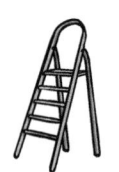

мердевине

سلّم

пила

منشار

ексер

مسامير

бушилица

مثقب

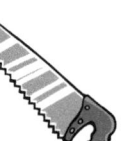

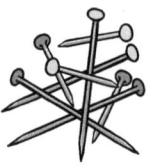

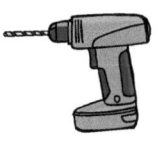

поправити

يصلح

лопата

مجرفة

до ђавола!

اللعنة

лопатица

لقاطة الكناسة

лонац за боју

سطل الألوان

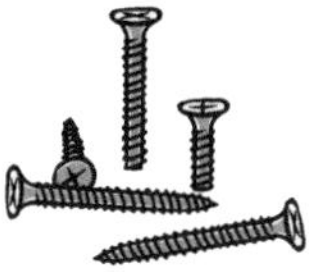

завртањи

براغي

музички инструмент

آلات موسيقية

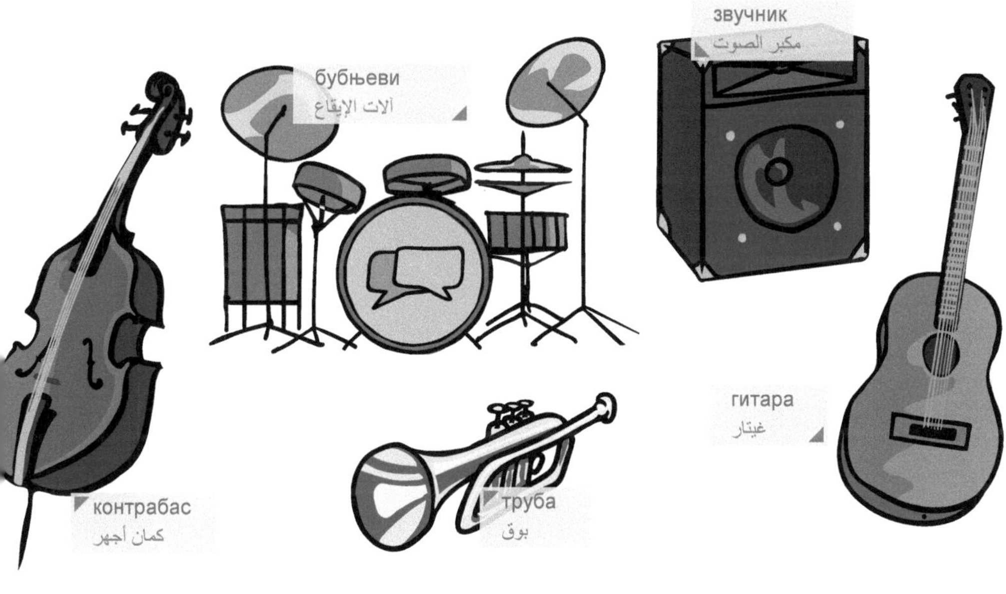

звучник
مكبر الصوت

бубњеви
آلات الإيقاع

гитара
غيتار

контрабас
كمان أجهر

труба
بوق

клавир

بيانو

виолина

كمنجة

бас

جهير

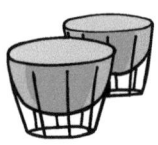

тимпани

طبل كبير

ударальке за бубњеве

طبل

типке клавира

بيانو كهربائي

саксофон

ساكسوفون

флаута

ناي

микрофон

ميكروفون

зоолошки врт

حديقة حيوانات

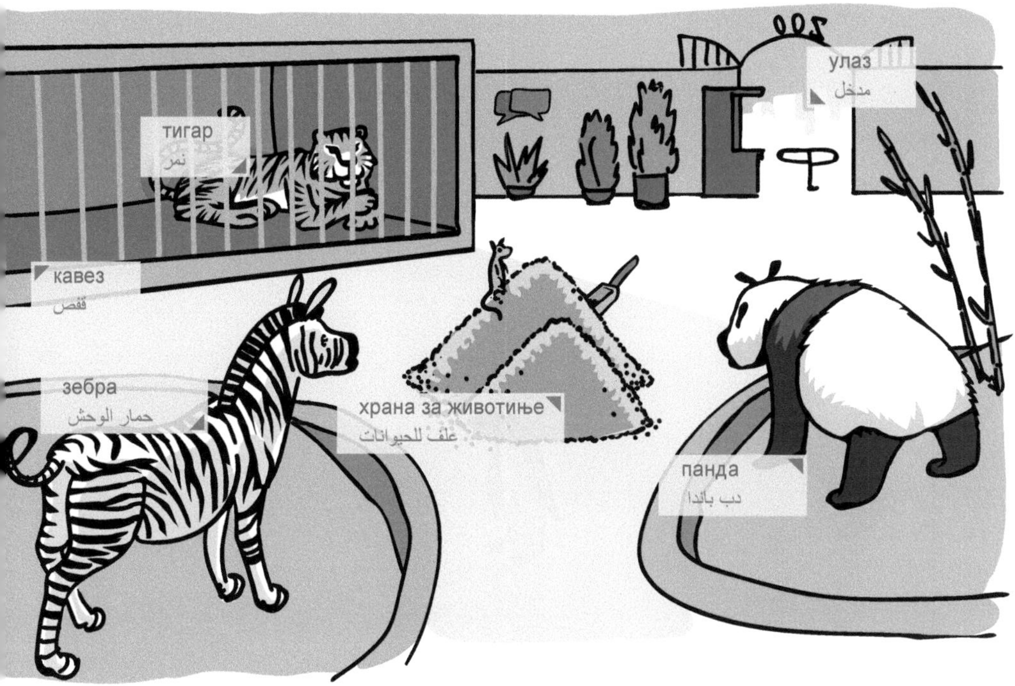
zoo
улаз
مدخل
тигар
نمر
кавез
قفص
зебра
حمار الوحش
храна за животиње
علف للحيوانات
панда
دب باندا

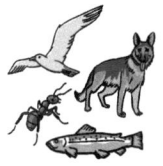

животиње

حيوانات

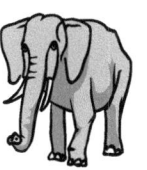

слон

فيل

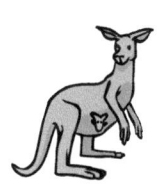

кенгур

كنغر

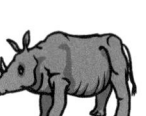

носорог

وحيد القرن

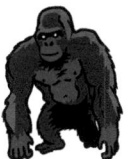

горила

غوريلا

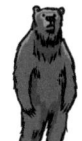

медвед

دب

камила

جمل

нoj

نعامة

лав

أسد

мајмун

قرد

фламинго

طائر فلامينغو

папагај

ببغاء

поларни медвед

دب قطبي

пингвин

بطريق

ајкула

سمك القرش

паун

طاووس

змија

أفعى

крокодил

تمساح

чувар у зоолошком врту

حارس في حديقة الحيوان

туљан

عجل البحر

јагуар

نمر أمريكي مرقط

пони

فرس قزم

леопард

نمر

нилски коњ

فرس النهر

жирафа

زرافة

орао

نسر

дивља свиња

خنزير برّي

риба

سمك

корњача

سلحفاة

морж

حيوان فظ البحري

лисица

ثعلب

газела

غزال

америчка ногомет
كرة القدم الأمريكية

бициклизам
ركوب الدراجات

тенис
كرة التنس

кошарка
كرة السلة

пливање
السباحة

бокс
الملاكمة

хокеј на леду
هوكي الجليد

фудбал
كرة القدم

бадминтон
الريشة الطائرة

атлетика
ألعاب القوى الخفيفة

ракомет
كرة اليد

скијање
التزلج على الثلج

поло
بولو

скочити
يقفز

смејати се
يضحك

загрлити
يعانق

певати
يغني

ићи
يمشي

молити се
يصلّي

пољубити
يقبّل

сањати
يحلم

писати
يَكتب

цртати
يرسم

показати
يُري

гурати
يدفع

дати
يعطي

узети
يأخذ

имати

يملك

чинити

يعمل

бити

يوجد

стојати

يقف

трчати

يركض

повлачити

يسحب

бацити

يرمي

падати

يقّع

лежати

يستلقي

чекати

ينتظر

носити

يحمل

седити

يجلس

облачити

يلبس

спавати

ينام

пробудити се

يستيقظ

гледати

ينظر إلى ..

плакати

يبكي

миловати

يمسّد

чешљати

يمشّط

говорити

يتكلّم

разумети

يفهم

питати

يسأل

слушати

يسمع

пити

يشرب

јести

ياكل

поспремити

يرتّب

волети

يحب

кухати

يطبخ

возити

يقوّد

летети

يطير

пловити

ييحر بزورق شراعي

рачунати

يحسب

читати

يقرأ

учити

يتعلم

радити

يعمل

венчати се

يتزوج

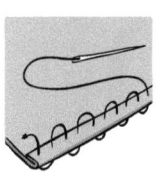

шити

يخيط

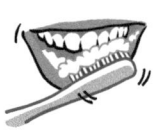

прати зубе

ينظف أسنانه

убити

يقتّل

пушити

يدخّن

послати

يرسل

породица
عائلة

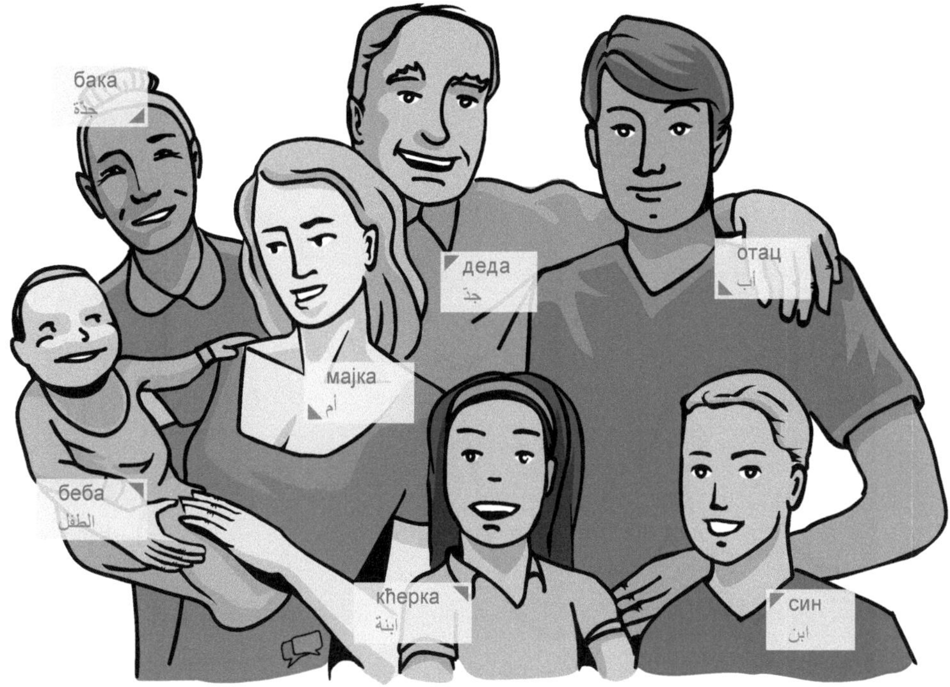

бака
جدّة
деда
جدّ
отац
أب
мајка
أم
беба
الطفل
кћерка
ابنة
син
ابن

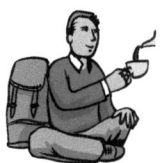

гост

ضيف

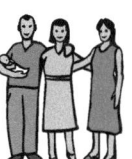

тетка

عمّة / خالة

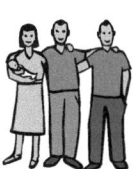

ујак, стриц

عمّ / خال

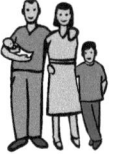

брат

أخ

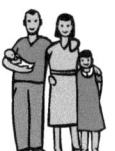

сестра

أخت

тело

الجسم

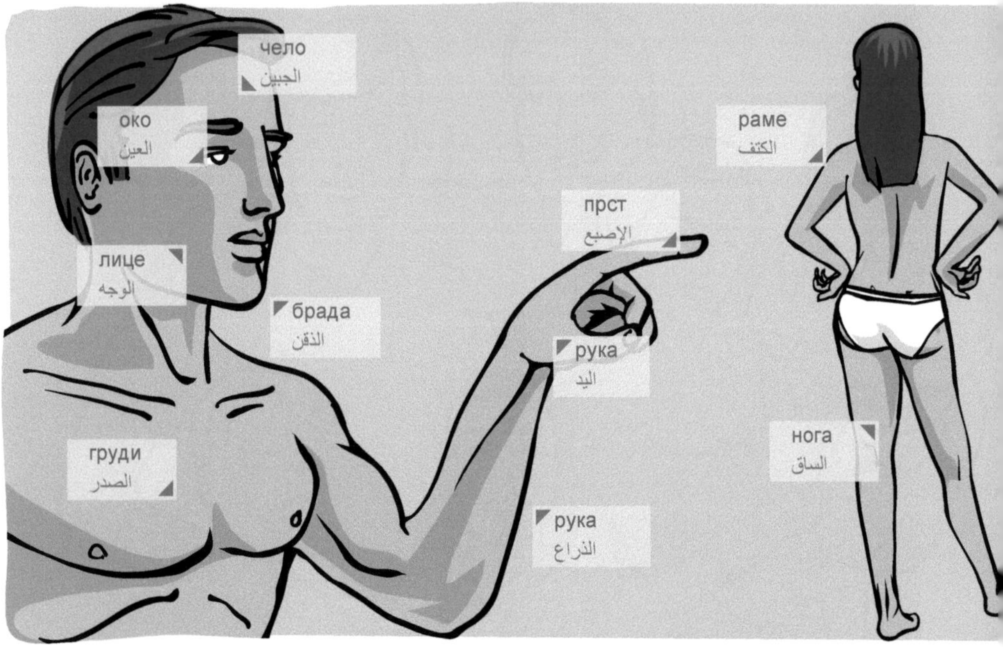

чело
الجبين

око
العين

лице
الوجه

брада
الذقن

груди
الصدر

раме
الكتف

прст
الإصبع

рука
اليد

нога
الساق

рука
الذراع

беба

الطفل

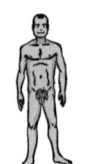

мушкарац

الرجل

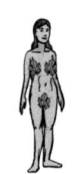

жена

المرأة

девојчица

البنت

дечак

الولد

глава

الرأس

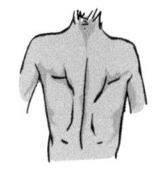

леђа

الظهر

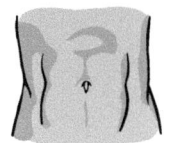

стомак

البطن

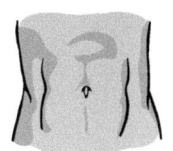

пупак

السرة

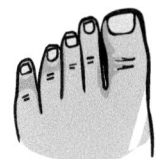

ножни прст

إصبع القدم

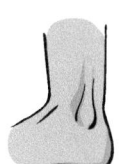

пета

الكعب

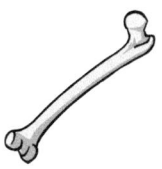

кост

العظم

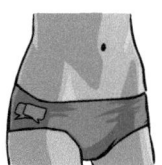

кукови

الورك

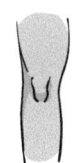

колено

الركبة

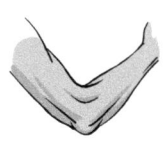

лакат

المرفق

нос

الأنف

задњица

العَجُز

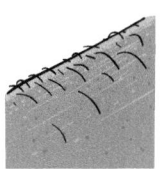

кожа

البشرة

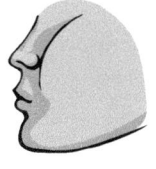

образ

الخد

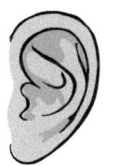

уво

الأذن

усна

الشفة

уста

الفم

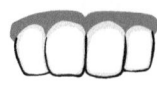

зуб

السن

језик

اللسان

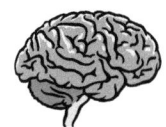

мозак

الدماغ

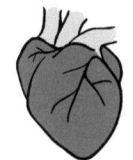

срце

القلب

мишић

العضلة

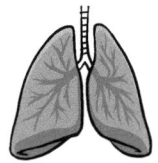

плућа

الرئة

јетра

الكبد

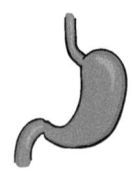

желудац

المعدة

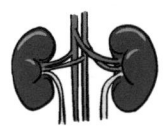

бубрези

الكلى

полни однос

الاتصال الجنسي

кондом

الواقي المطاطي

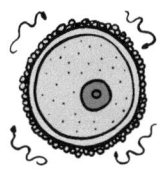

јајна ћелија

البويضة

сперма

المنيّ

трудноћа

الحمل

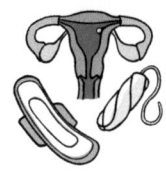

менструација

الحيض

вагина

المهبل

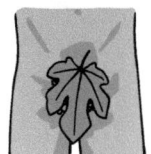

пенис

القضيب

обрва

الحاجب

коса

الشعر

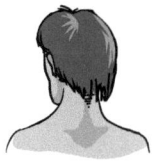

врат

الرقبة

болница

المستشفى

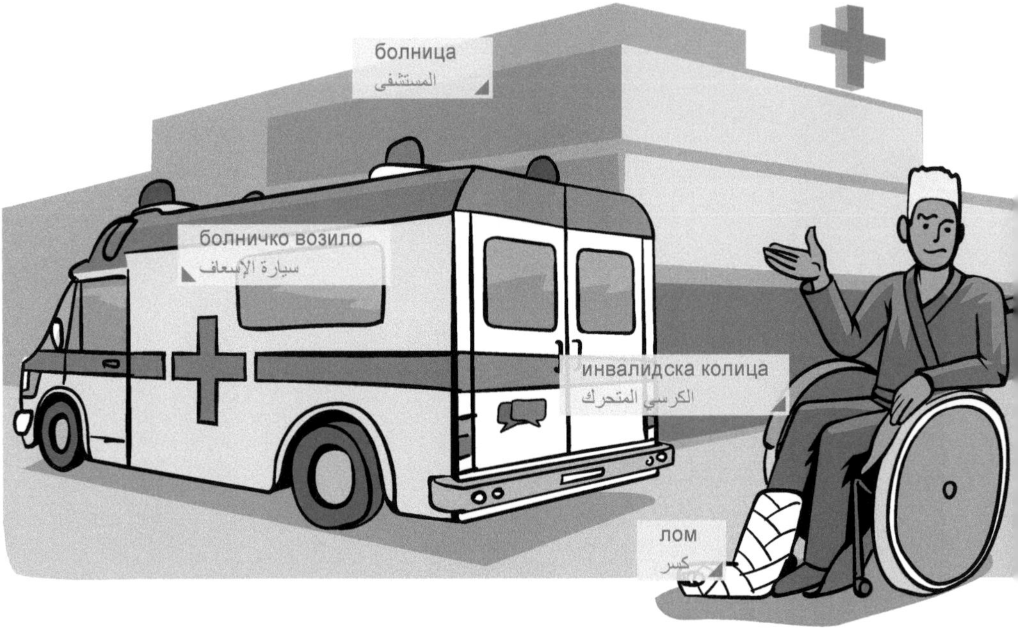

болница
المستشفى
болничко возило
سيارة الإسعاف
инвалидска колица
الكرسي المتحرك
лом
كسر

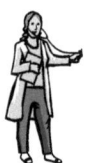

лекар

الطبيب

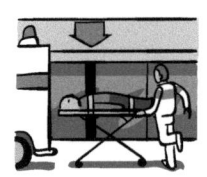

хитна медицинска служба

غرفة الإسعاف

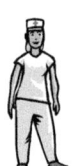

медицинска сестра

الممرضة

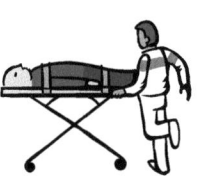

хитни случај

حالة

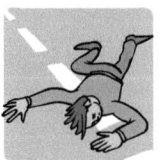

несвест

مغمى عليه

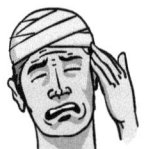

бол

الألم

повреда

إصابة

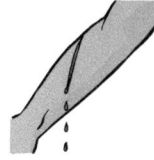

крварење

النزيف

срчани удар

احتشاء القلب

удар

جلطة

алергија

حسسية

кашаљ

السعال

грозница

الحُمّى

грипа

إنفلونزا

пролив

الإسهال

главобоља

وجع الرأس

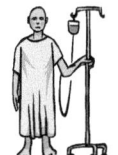

рак

السرطان

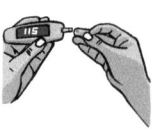

дијабетес

مرض السكر

хирург

جرّاح

скалпел

مبضع

операција

عملية

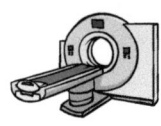

цт

سيتي سكان

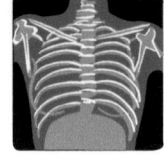

рентген

الأشعة السينية

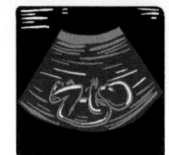

ултразвук

فوق الصوتي

маска

القناع

болест

المرض

чекаона

غرفة الانتظار

штака

العُكّاز

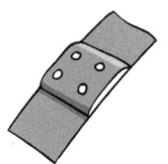

фластер

شريط لاصق

завој

ضماد

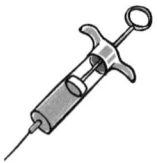

ињекција

حقنة

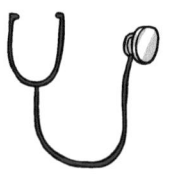

стетоскоп

سمّاعة الطبيب

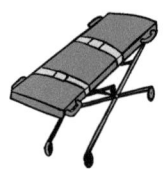

носила

نقالة

термометар

ميزان حرارة

рођење

ولادة

прекомерна тежина

وزن زائد

слушни апарат

جهاز السمع

средство за дезинфекцију

المواد المعقمة

инфекција

عدوى

вирус

فيروس

хив / аидс

الإيدز

медицина

الطب

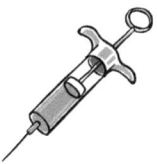

вакцинација

اللقاح

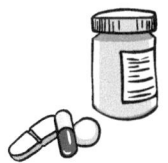

таблете

أقراص الدواء

пилула

حبّة الدواء

хитни позив

نداء النجدة

уређај за мерење притиска

مقياس ضغط الدم

болесно / здраво

مريض / صحيح

помоћ!

النجدة!

аларм

إنذار

насртај

اعتداء

напад

هجوم

опасност

خطر

излаз у случају нужде

مخرج طوارئ

пожар!

حريق!

противпожарни апарат

جهاز الإطفاء

незгода

حادث

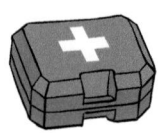

кутија прве помоћи

حقيبة الإسعاف الأولي

сос

أنقذونا

полиција

الشرطة

Европа

أوروبا

Северна Америка

أمريكا الشمالية

Јужна Америка

أمريكا الجنوبية

Африка

أفريقيا

Азија

آسيا

Аустралија

أستراليا

Атлантик

المحيط الأطلسي

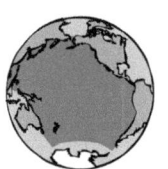

Пацифик

المحيط الهادي

Индијски океан

المحيط الهندي

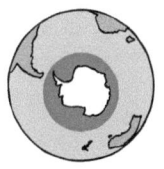

Антарктички океан

المحيط المتجمد الجنوبي

Арктички океан

المحيط المتّجمد الشمالي

Северни рол

القطب الشمالي

Јужни рол

القطب الجنوبي

Антарктик

منطقة القطب الجنوبي

земља

أرض

земља

بر

море

بحر

оток

جزيرة

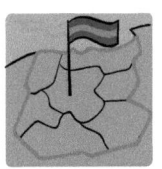

нација

أمة

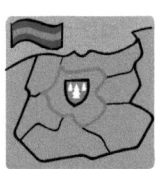

држава

دولة

бројчаник сата

ميناء الساعة

сатна казаљка

عقرب الساعات

минутна казаљка

عقرب الدقائق

секундна казаљка

عقرب الثواني

Колико је сати?

كم الساعة الآن؟

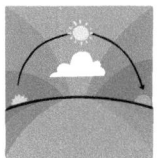

дан

يوم

време

زمن

сада

الآن

дигитални сат

ساعة رقمية

минута

دقيقة

час

ساعة

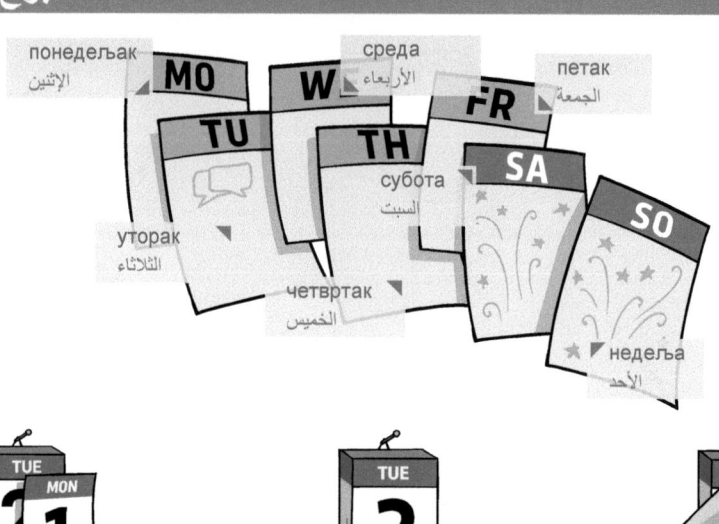

понедељак
الإثنين

среда
الأربعاء

петак
الجمعة

уторак
الثلاثاء

четвртак
الخميس

субота
السبت

недеља
الأحد

jуче

الأمس

данас

اليوم

сутра

غداً

jутро

الصباح

подне

الظهر

вече

المساء

радни дани

أيام العمل

викенд

نهاية الأسبوع

година
سنة

киша
مطر
дуга
قوس قزح
ветар
ريح
снег
ثلج
пролеће
الربيع
лето
الصيف
јесен
الخريف
зима
الشتاء

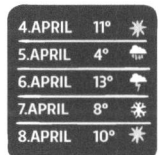

4.APRIL 11°
5.APRIL 4°
6.APRIL 13°
7.APRIL 8°
8.APRIL 10°

етеоролошка прогноза

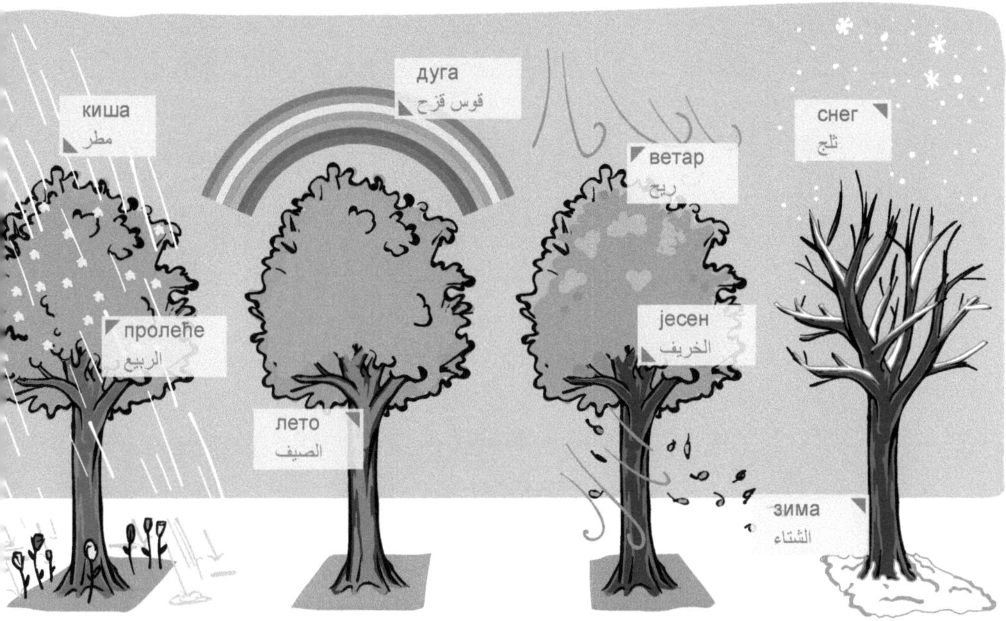

التنبؤ بالحالة الجوية

F
C
120
90
60
30
0
-30
40
30
20
10
0
-10
-20

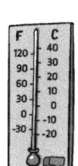

термометар

مقياس حرارة

сунчана светлост

ضوء الشمس

облак

سحابة

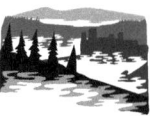

магла

ضباب

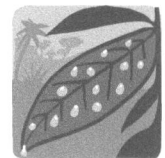

влажност ваздуха

رطوبة الجو

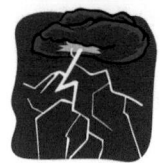

муња

برق

грмљавина

رعد

олуја

عاصفة

туча

بَرَد

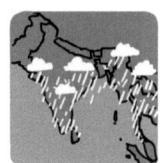

монсун

ريح موسمية

поплава

طوفان

лед

جليد

јануар

كانون الثاني / يناير

фебруар

شباط / فبراير

март

آذار / مارس

април

نيسان / إبريل

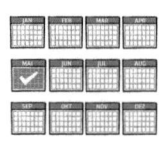

мај

أيار / مايو

јуни

حزيران / يونيو

јули

تموز / يوليو

август

آب / أغسطس

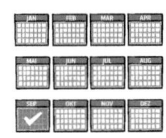

септембар
....
أيلول / سبتمبر

октобар
....
تشرين الأول / أكتوبر

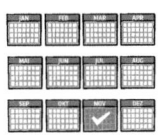

новембар
....
تشرين الثاني / نوفمبر

децембар
....
كانون الأول / ديسمبر

облици
أشكال

круг
....
دائرة

квадрат
....
مربّع

правоугао
....
مستطيل

троугао
....
مثلّث

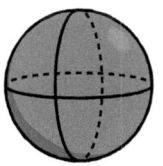

кугла
....
كرة

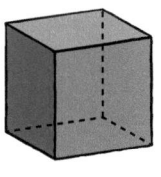

коцка
....
مكعب

бела

أبيض

жута

أصفر

наранџаста

برتقالي

ружичаста

وردي

црвена

أحمر

љубичаста

بنفسجي

плава

أزرق

зелена

أخضر

смеђа

بنّي

сива

رمادي

црна

أسود

много / мало

كثير / قليل

љутито / мирно

غضبان / هادئ

лепо / ружно

جميل / قبيح

почетак / крај

بداية / نهاية

велико / малено

كبير / صغير

светло / тамно

فاتح / قاتم

брат / сестра

أخ / أخت

чисто / прљаво

نظيف / وسخ

потпуно / непотпуно

كامل / ناقص

дан / ноћ

نهار / ليل

мртво / живо

ميّت / حيّ

широко / уско

عريض / ضيق

јестиво / нејестиво

صالح للأكل / غير صالح

зло / добро

شرّير / لطيف

узбуђено / досадно

مثير / ممل

дебело / мршаво

سمين / نحيف

на почетку / на крају

أولًا / أخيرًا

пријатељ / непријатељ

صديق / عدو

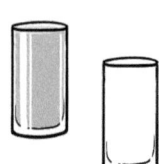

пуно / празно

مليء / فارغ

тврдо / мекано

صلب / لَيّن

тешко / лагано

ثقيل / خفيف

глад / жеђ

جوع / عطش

болесно / здраво

مريض / صحيح

илегално / легално

غير شرعي / شرعي

паметно / глупо

ذكي / غبي

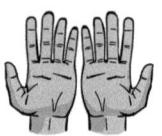

лево / десно

يسار / يمين

близу / далеко

قريب / بعيد

ново / половно

جديد / مستعمل

ништа / нешто

لا شيء / بعض الشيء

старо / младо

مسن / شاب

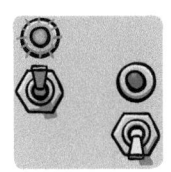

кључено / искључено

يشعل / يطفئ

отворено / затворено

مفتوح / مغلق

тихо / гласно

خافت / عالٍ

богато / сиромашно

غني / فقير

тачно / погрешно

صح / خطأ

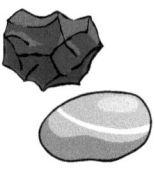

храпаво / глатко

أحرش / أملس

тужно / сретно

حزين / سعيد

кратко / дуго

قصير / طويل

полако / брзо

بطيء / سريع

мокро / сухо

مبلول / جاف

топло / хладно

ساخن / بارد

рат / мир

حرب / سلم

0

нула

صفر

1

један

واحد

2

два

اثنان

3

три

ثلاثة

4

четири

أربعة

5

пет

خمسة

6

шест

ستة

7

седам

سبعة

8

осам

ثمانية

9

девет

تسعة

10

десет

عشرة

11

једанаест

أحد عشر

12

дванаест

اثنا عشر

13

тринаест

ثلاثة عشر

14

четрнаест

أربعة عشر

15

петнаест

خمسة عشر

16

шестнаест

ستة عشر

17

седамнаест

سبعة عشر

18

осамнаест

ثمانية عشر

19

деветнаест

تسعة عشر

20

двадесет

عشرون

100

стотину

مائة

1.000

хиљаду

ألف

1.000.000

милион

مليون

енглески

الإنكليزية

амерички енглески

الإنكليزية الأمريكية

мандарински кинески

لغة ماندارين الصينية

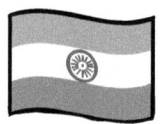

хиндски

الهندية

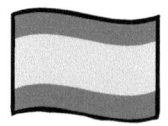

шпански

الإسبانية

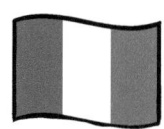

француски

الفرنسية

арапски

العربية

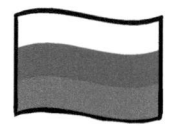

руски

الروسية

португалски

البرتغالية

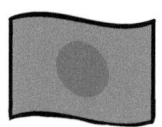

бенгалски

البنغالية

немачки

الألمانية

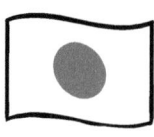

јапански

اليابانية

ja

أنا

ти

أنت

он / она / оно

هو / هي

ми

نحن

ви

أنتم

они

هم

Ко?

من؟

Шта?

ماذا؟

Како?

كيف؟

Где?

أين؟

Када?

متى؟

име

أسم

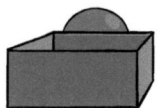

иза

خلف

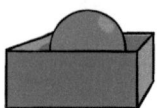

у

في

испред

أمام

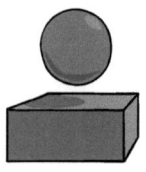

преко

فوق

на

على

испод

تحت

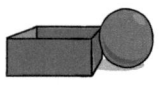

поред

جنب

између

بين

место

مكان